FRIGGITRICE AD ARIA

La tua Guida Pratica con Ricette Facili e Veloci per Friggere ad Aria, Arrostire e Grigliare

By

Matilde Baldi

Questo documento è finalizzato a fornire informazioni esatte e affidabili riguardo all'argomento e alla questione trattata. La pubblicazione è venduta con l'idea che l'editore non è tenuto a rendere rendicontazione o altri servizi qualificati ufficialmente permessi. Se è necessaria una consulenza, legale o professionale, è necessario rivolgersi ad una persona esperta nella professione e protetta Da una dichiarazione di principi che è stata accettata e approvata allo stesso modo da un comitato dell'American Bar Association e da un comitato di editori e associazioni.

Le informazioni qui fornite sono dichiarate veritiere e coerenti e qualsiasi responsabilità, dovuta a disattenzione o altro, su qualsiasi uso o abuso di norma, procedimento o indicazione contenuta all'interno è la sola e totale responsabilità del lettore ricevente. In nessuna circostanza alcuna responsabilità legale o colpa potrà essere addebitata all'editore per qualsiasi riparazione, danno o perdita monetaria dovuta alle informazioni qui contenute, sia direttamente che indirettamente.

I rispettivi autori possiedono tutti i diritti d'autore non detenuti dall'editore.

Le informazioni qui contenute sono offerte esclusivamente a scopo informativo e come tali sono universali. La presentazione delle informazioni è senza contratto o qualsiasi tipo di assicurazione di garanzia.

I marchi sono utilizzati senza alcun consenso, e la pubblicazione del marchio è senza permesso o appoggio da parte del proprietario del marchio. Tutti i marchi e le marche all'interno di questo libro sono solo a scopo chiarificatore e sono di proprietà dei proprietari stessi, non collegati a questo documento.

Sommario

Introduzione

La frittura ad aria è la nuova moda e, con due nuove friggitrici ad aria finemente progettate la marca Vortex con Instant è entrato nel mercato delle friggitrici ad aria. Prima dell'acquisto, questo è quello che dovreste imparare su di esso.

Due nuovi prodotti eccellenti, l'Instant Vortex 6 Qt Air-fryer e l'Instant Vortex 10 Quart Oven Air-fryer, sono stati recentemente lanciati da Instant.

Cos'è una friggitrice ad aria?

È ormai famosa. Con la friggitrice ad aria si può usare il 95% in meno di olio e grasso rispetto alla normale frittura per creare pasti semplici e veloci. Fondamentalmente, sono piccoli forni a convezione che pompano calore e aria usando una ventola in modo che il cibo si crogioli e cuocia facilmente senza un mucchio di grassi aggiunti.

Consigli per la friggitrice ad aria di cui hai bisogno per iniziare,

- Preriscaldare la friggitrice ad aria.

- Non sovraccaricare il cestello della friggitrice ad aria.

- Evitare gli spray da cucina.

- Tenete pulita la vostra friggitrice ad aria.

- Usa i tempi di cottura e di preparazione della ricetta come guida.

Consigli per pulire la friggitrice ad aria

Friggere il cibo crea disordine in cucina perché lascia molti piatti sporchi, padelle sporche e un rivestimento di grasso su tutto ciò che circonda la friggitrice. Le friggitrici ad aria, di solito, sono relativamente più pulite. Il cestello di cottura è completamente chiuso, eliminando così gli schizzi e il grasso ed evitando che l'olio e il grasso del cibo si versino giù nella padella sottostante. Ciò non significa che non ci sia bisogno di pulizia. La friggitrice ad aria deve essere pulita ogni volta dopo averla usata.

Istruzioni

- Staccare la spina dalla presa elettrica e assicurarsi che si raffreddi.
- Pulire l'esterno della friggitrice ad aria con un panno umido.
- Pulire il vassoio, la padella e il cestello con sapone per piatti e acqua calda. Tutti i componenti della friggitrice ad aria, che possono essere rimossi, possono essere lavati nella lavastoviglie quindi metteteli in una lavastoviglie se preferite non pulirli a mano.
- Pulire con acqua calda e tessuto o spugna all'interno della friggitrice ad aria.
- Pulire delicatamente con una spazzola morbida se c'è del cibo attaccato all'unità di riscaldamento sopra il cestello del cibo.
- Prima di metterli nella friggitrice, controlla che il cestello, la padella e il vassoio siano sicuri.

Suggerimenti

- Si prega di non usare utensili da cucina per raschiare il cibo attaccato. Le parti della friggitrice sono coperte da un rivestimento (antiaderente) che è molto facile da pulire.

- Utilizzare Sempre una spugna per rimuovere gli avanzi di cibo bloccati nella leccarda o nel cestello.

- Se il cibo si attacca alla padella e al cestello, lasciateli immersi completamente in acqua calda e sapone. Ammorbidirà il cibo e lo renderà molto facile da rimuovere.

- Quando si cucinano molti cibi contemporaneamente, aspettare che l'ultimo sia completato, poi pulire la friggitrice ad aria.

Conservare correttamente la friggitrice ad aria

Una volta che la friggitrice è pulita, assicurati di riporla in modo sicuro. Aspetta quasi 30 minuti che si raffreddi prima di riporla. Assicurati che sia in posizione verticale e che non sia collegata alla presa di corrente quando lo riponi. Se c'è uno spazio adatto per i cavi, prima di spostare la friggitrice, infilali nello spazio apposito.

Risoluzione dei problemi

Se la friggitrice non funziona, ecco i passi da fare.

1. Prova a staccare la spina

Spesso spegnerlo e riaccenderlo può essere un modo efficace per farlo funzionare di nuovo.

Assicurati di scollegare la friggitrice per il tempo necessario affinché si resetti completamente. 10 minuti dovrebbero bastare. È anche probabile che funzioni solo se si tratta di una friggitrice digitale. Una friggitrice analogica a quadrante vecchio stile non è influenzata da questo metodo.

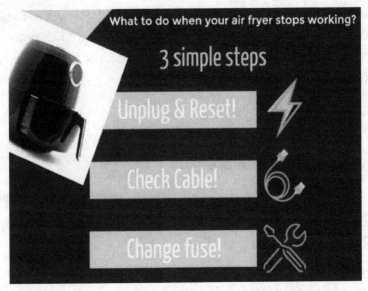

Passi da fare se la vostra friggitrice ad aria non si riscalda.

2. Controllare il cavo di alimentazione

Non vuoi la vergogna di riportare la tua bella friggitrice lucida al negozio solo per scoprire che il cavo di alimentazione non era collegato correttamente. Allora ispeziona il cavo di alimentazione per assicurarti che la presa a muro e la tua friggitrice siano collegate correttamente. Sembra semplice ma molte volte potrebbe essere questo il problema.

Per escludere il rischio di un cavo difettoso piuttosto che della friggitrice stessa. Potete chiedere al produttore di friggitrici di darvi un cavo di ricambio. Scambiare il cavo di alimentazione è il modo più semplice per verificare se il guasto è nel cavo o nella friggitrice stessa. Si spera che un cavo simile sia presente in casa. Imparerete che la maggior parte degli elettrodomestici usa un design di cavo simile. Naturalmente l'utilizzo di un altro cavo non è raccomandato per lunghi periodi per motivi di garanzia ma solo per verificare l'integrità del tuo cavo esistente.

3. Controllare il fusibile

Se non avete lo stesso cavo di alimentazione da testare dovrete regolare il fusibile.

E se non tutti i connettori hanno un fusibile. Per capire se la spina della friggitrice ha un fusibile, vedi le foto qui sotto.

Probabilmente ha un fusibile all'interno della presa che assomiglia a questo.

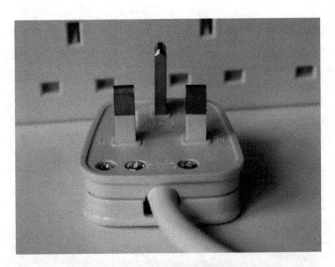

La spina di tipo UK assomiglia a quella sopra.

Tuttavia, se la vostra spina assomiglia a questa, probabilmente non ha un fusibile.

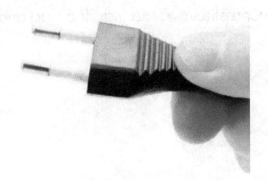

La spina europea si presenta come sopra.

Un altro modo per verificare se la tua spina non sembra una di queste è vedere se la tua spina è un pezzo unico continuo o tenuta insieme con delle viti. Questo probabilmente implica che se ha delle viti, si può aprire e inserire un fusibile all'interno.

E poi, se non avete mai visto un fusibile prima e volete sapere cosa cercare, ecco come appare un fusibile.

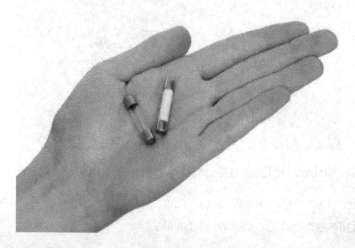

Se si scopre di avere una spina con un fusibile, si può scoprire che cambiarlo farà funzionare di nuovo la friggitrice ad aria. Solo a causa di un fusibile bruciato non hai bisogno di dover restituire la tua friggitrice ad aria.

Capitolo 1: Ricette veloci

1. Patate dolci croccanti facili friggitrice ad aria

Tempo di cottura: 25 min, Tempo di preparazione: 5 min, Difficoltà: Facile, Porzioni: 6

Ingredienti

- 2 cucchiaini di aglio in polvere 6g
- 2 patate dolci grandi
- 1 cucchiaio di olio d'oliva
- 1 1/2 cucchiaio di amido di mais 8g
- Sale e pepe
- 2 cucchiaini di paprika 6g

Istruzioni

Istruzioni per il Fry Cutter

1. Usare un coltello da frittura per tagliare le patate dolci in modo da ottenere patatine più sagomate.

Friggitrice ad aria

2. Mettere le patate affettate in una grande ciotola con acqua fredda. Lasciare le patate dolci in ammollo nell'acqua per quasi un'ora.

3. Togliere le patate dall'acqua e lasciarle asciugare completamente. Irrorare interamente l'amido di mais.

4. Cospargere di aglio in polvere, paprika, pepe e sale.

5. Mettere le patatine nel cestello della friggitrice ad aria e cospargerle di olio d'oliva. Non sovraffollare il cestello. Friggere in piu riprese se necessario. Se si vedono macchie bianche di amido di mais sulle patatine, cospargere la zona con olio d'oliva.

6. Regolare la temperatura a 190 gradi C e cuocere per quasi 25 minuti. Impostare il timer a più o meno 10 minuti e interrompere la cottura per scuotere il cestello quando il timer si ferma. Sta a voi. Se preferite le patatine fritte croccanti, lasciatele più a lungo e assicuratevi di controllarle.

7. Raffreddare prima di servire.

2. Pizza al salame piccante facile con la friggitrice ad aria

Tempo di cottura: 8 min, Tempo di preparazione: 2 min, Difficoltà: Facile, Porzioni: 1

Ingredienti

- 20g di tazza di formaggio cheddar
- 1 cucchiaio di prezzemolo tritato
- 8 fette di salame piccante
- 2 cucchiai di salsa per pizza o marinara
- 1 pita integrale
- 20 g di tazza di mozzarella (sminuzzata)
- Olio d'oliva spray
- 50g di tazza di mozzarella

Istruzioni

1. Cospargete la salsa sul pane pita, poi metteteci sopra il formaggio tagliuzzato e il salame piccante.

2. Spruzzare olio d'oliva spray sulla parte superiore della pizza.

3. Mettere nella friggitrice ad aria per quasi 8 minuti a 200 gradi C Controllare la pizza dopo 7 minuti per assicurarsi che non si cuocia troppo.

4. Togliere la pizza dalla friggitrice ad aria con una spatola.

5. Raffreddare prima di servire.

Istruzioni per la crosta croccante

6. Spruzzare un lato del pane pita con olio d'oliva per una crosta croccante. Mettere nella friggitrice ad aria per quasi 4 minuti a 200 gradi C. Ciò permetterà alla pita di diventare croccante interamente su un lato.

7. Togliere il pane dalla friggitrice ad aria. Capovolgere la pita sul lato meno croccante. Questo lato dovrebbe essere a faccia in giù nella friggitrice ad aria.

8. Cospargere la salsa dappertutto, poi unire il formaggio tritato e il salame piccante sulla parte superiore.

9. Mettere la pizza nella friggitrice ad aria per quasi 4 minuti fino a quando il formaggio si sarà sciolto. Cuocere per un altro minuto fino ad ottenere la consistenza desiderata.

10. Togliere la pizza dalla friggitrice ad aria con una spatola.

11. Raffreddare prima di servire.

3. Patate dolci al gratin

Tempo di cottura: 1 ora e 5 minuti, Tempo di preparazione: 15 minuti, Difficoltà: Facile, Porzioni: 6

Ingredienti

- 1 kg circa di patate dolci
- 1 cucchiaio di burro 20g
- 60 ml di panna da montare
- 1 cucchiaino di cipolla in polvere 2g
- 50 g di parmigiano tagliuzzato
- 2 spicchi d'aglio tritati
- 100g di formaggio cheddar tagliuzzato
- 120g di formaggio cremoso
- 50g tazza di mozzarella tagliuzzata
- Sale e pepe

Istruzioni

1. Preriscaldare la friggitrice a 190gradi C.
2. Aggiungere il burro e scaldare in una casseruola a fuoco medio-alto.
3. Quando il burro è sciolto, mettete dell'aglio e cuocete per quasi 2 minuti fino a quando non è fragrante.
4. Aggiungere la panna da montare, il formaggio cremoso, 50g di formaggio cheddar tagliuzzato e il

parmigiano reggiano, mescolare. Aggiungere il sale, la cipolla in polvere e il pepe a piacere. Regolare il sapore come necessario.

5. Mescolare fino a quando il formaggio si è sciolto.

6. Togliere e mettere da parte.

7. Disporre le fette di patate dolci in file su una teglia. Cospargere con la salsa di formaggio.

8. Cospargere il resto della mozzarella e 50g di cheddar tagliuzzato in tutta la padella.

9. Coprire con un foglio di alluminio e cuocere per quasi 30 minuti.

10. Togliere la pellicola e cuocere altri 25 minuti fino a quando le patate sono morbide.

11. Per un top croccante, attivare la funzione Broil sulla friggitrice ad aria per un paio di minuti. Far cuocere per quasi 3 minuti fino a quando la parte superiore è croccante.

12. Raffreddare per quasi 30 minuti e poi servire.

4. Hamburger mediterranei paleo nella friggitrice ad aria

Tempo di cottura: 15 min, Tempo di preparazione: 3 min, Difficoltà: Facile, Dose: 2

Ingredienti

- 2 cucchiai di cipolle fritte
- Patate dolci fritte
- ¼ di cipolla piccola
- 2 cucchiaini di origano 2g
- 350 g di carne macinata
- 1 cucchiaino di purea d'aglio
- 2 uova fritte
- 1 cucchiaino di prezzemolo
- Sale e pepe
- ½ cucchiaino di rosmarino
- 1 cucchiaino di timo

Istruzioni

1. Tagliare a dadini e sbucciare ¼ di cipolla.
2. Mettere l'aglio, la carne macinata e la cipolla in una grande ciotola con il condimento e mescolare bene.
3. Date la forma di hamburger.

4. Cuocere nella friggitrice ad aria per quasi 15 minuti a 180 gradi C.

5. Servire con patatine dolci, un uovo fritto e delle cipolle fritte.

5. Hamburger con la friggitrice ad aria

Tempo di cottura: 12 min, Tempo di preparazione: 5 min, Difficoltà: Facile, Porzioni: 4

Ingredienti

- 1 cucchiaio di formaggio morbido10g
- 500 g di carne di maiale macinata
- 500 g di manzo tritato
- 2 cucchiaini di timo
- ½ cipolla piccola
- 2 cucchiaini di origano 2g
- 1 cucchiaino di purea d'aglio
- Sale e pepe

Istruzioni

1. Tagliare a dadini e sbucciare la cipolla e metterla in una terrina con il resto degli ingredienti per l'hamburger.
2. Mescolare bene con le mani.
3. Aggiungere il formaggio e mescolare ancora.
4. Usare un coltello per affettare in forme di hamburger.
5. Mettere nel cestello della friggitrice ad aria e cuocere per quasi 12 minuti a 180 gradi C.
6. Aggiungere la copertura del panino da hamburger e servire.

6. Pizze personalizzate perfette in una friggitrice ad aria

Tempo di cottura: 10 min, Tempo di preparazione: 5 min, Difficoltà: Facile, Porzioni: 1

Ingredienti

- 1 Mini Naan (pane indiano)
- 2 cucchiai di formaggio per pizza tagliuzzato 20g
- 2 cucchiai di salsa per pizza in barattolo
- 6 o 7 peperoni piccoli

Istruzioni

1. Sopra i mini naan mettere il formaggio per la pizza sminuzzato, la salsa di pizza e i mini peperoni.

2. Mettere la pizza condita nel cestello di una friggitrice ad aria.

3. Impostare la friggitrice a circa 180 gradi C. Cuocere la pizza per circa 7 minuti, o fino a quando inizia a dorarsi e il formaggio è completamente sciolto.

4. Servire immediatamente.

7. Capesante con la friggitrice ad aria | Capesante al pomodoro e basilico

Tempo di cottura: 10 min, Tempo di preparazione: 5 min, Difficoltà: Facile, Dose: 2

Ingredienti

- 1 cucchiaino di aglio tritato 2g
- Un pizzico di sale kosher
- Un pizzico di pepe nero macinato
- 60 g di panna da montare
- 1 cucchiaio di pasta di pomodoro
- Olio da cucina spray
- 50g di spinaci congelati
- 1 cucchiaio di basilico fresco tritato
- 8 capesante grandi
- Sale e pepe

Istruzioni

1. Spruzzare una padella resistente al calore e mettere gli spinaci in un unico strato sul fondo.

2. Spruzzare ogni lato delle capesante con olio vegetale, cospargere ancora un po' di pepe e sale, e mettere le capesante nella padella resistente al calore sopra gli spinaci.

3. Prendete una piccola ciotola, mescolate il concentrato di pomodoro, la panna, l'aglio, il basilico, il pepe e il sale e versate sulle capesante e gli spinaci.

4. Impostare la friggitrice a 180 gradi C per quasi 10 minuti fino a quando sono cotti fino a una temperatura interna di 130 gradi Fahrenheit e la salsa

è spumeggiante e calda.

5. Servire immediatamente.

Capitolo 2: Colazione

Danesi di pasta sfoglia con la friggitrice ad aria

Tempo di cottura: 10 min, Tempo di preparazione: 25 min, Difficoltà: Facile, Porzioni: 5

Ingredienti

- 50g di zucchero
- 2 tuorli d'uovo grandi
- 2 cucchiai di farina 20g
- 1 cucchiaio di acqua
- 1 confezione di pasta sfoglia congelata
- 1/2 cucchiaino di estratto di vaniglia
- 1 confezione di formaggio cremoso
- 150 g di marmellata di lamponi senza semi

Istruzioni

1. Preriscaldare la friggitrice a 160 gradi C. Mescolare il formaggio cremoso, la farina, lo zucchero e la vaniglia fino a che non diventa liscio; mescolare un tuorlo d'uovo.

2. Mescolare il tuorlo d'uovo rimanente e l'acqua e tenere da parte per spennellare. Su una superficie

infarinata, stendere ogni foglio di pasta sfoglia e tagliare ogni foglio in nove quadrati-

3. Ricoprire ogni quadrato con 1 cucchiaio di crema di formaggio e 1 cucchiaio di marmellata. Mettere 2 angoli opposti della pasta sopra il ripieno, sigillando con il tuorlo. Spennellare le cime con il resto del composto di tuorlo.

4. In più riprese, mettere i danesi in un unico strato su un vassoio unto nel cestello della friggitrice ad aria. Cuocere fino a doratura per quasi 10 minuti.

5. Servire caldo. Mettere in frigo gli avanzi.

1. Fagottini da colazione al prosciutto e formaggio con la friggitrice ad aria

Tempo di cottura: 10 min, Tempo di preparazione: 35 min, Difficoltà: Facile, Porzioni: 4

Ingredienti

- Un pizzico di pepe
- 4 uova grandi
- 60g di prosciutto cotto tritato
- Un pizzico di sale
- 60 g di formaggio provolone tagliuzzato
- 2 cucchiai di pangrattato stagionato 20g
- 5 fogli di pasta fillo
- 50g di burro (fuso)
- 2 cucchiaini di erba cipollina tritata
- 60g di formaggio cremoso

Istruzioni

1. Preriscaldare la friggitrice a 160 gradi C. Mettere la pasta fillo (1 foglio) su una superficie; spennellare con il burro. Stratificare con altri 4 fogli di phyllo, spennellare ogni strato. Tagliare i fogli stratificati a metà (in senso trasversale), la metà rimanente (in senso longitudinale).

2. Mettere ogni pila in un barattolo unto da 120g. Mettete una fetta di formaggio cremoso su ciascuna. Dividere accuratamente un uovo in ogni tazza. Ricoprire con prosciutto, pancetta, pangrattato ed erba cipollina; cospargere di sale e pepe. Riunire il phyllo sopra il ripieno; pizzicare per sigillare e formare dei pacchetti.

3. In un cestello della friggitrice ad aria, mettere i pirottini sul vassoio; spennellare con il burro rimanente. Cuocere fino a quando è dorato e croccante, 10-12 minuti.

4. Servire caldo.

2. Pancetta candita con la friggitrice ad aria

Tempo di cottura: 18 min, Tempo di preparazione: 5 min,
Difficoltà: Facile, Porzioni: 12

Ingredienti

- 60 g di pasta di miso bianca
- 6 cucchiai di miele o sciroppo d'acero 120g
- 1 cucchiaio di aceto di vino di riso
- 1 cucchiaio di burro 20g
- 240g di pancetta tagliata spessa

Istruzioni

1. Preriscaldare la friggitrice a 190 gradi C.

2. Prendete una piccola casseruola e fate sciogliere il burro a fuoco normale. Poi aumentare a medio-alto e aggiungere la pasta di miso, l'aceto di vino di riso e il miele. Mescolare fino a quando tutti gli ingredienti sono amalgamati completamente e mettere la miscela a bollire. Mettere da parte togliendolo dal fuoco.

3. La glassa d'acero deve essere spennellata sulla pancetta.

4. Mettere la pancetta nella friggitrice ad aria in un solo strato e friggere per quasi 4 minuti su ogni lato. Prendete un pennello da pasticceria, spennellate uno strato della glassa di miso su un lato della

pancetta e friggete per 1 altro minuto. Dovrebbe essere appiccicoso e croccante quando è pronto.

5. Candito il bacon mettetelo su carta forno.

3. Involtini al formaggio per la colazione

Tempo di cottura: 10 min, Tempo di preparazione: 30 min,
Difficoltà: Medio, Porzione: 12

Ingredienti

- 50g di formaggio cheddar affilato tagliuzzato
- 50g di formaggio Monterey Jack tagliuzzato
- 1 cucchiaio di cipolle verdi tritate
- 4 uova grandi
- 1 cucchiaio di latte al 2%
- Un pizzico di sale
- Un pizzico di pepe
- 1 cucchiaio di burro 20g
- 12 involtini di uova
- 225g di salsiccia di maiale sfusa
- Spray da cucina
- Sciroppo d'acero o salsa, facoltativo

Istruzioni

1. Prendere una piccola padella (antiaderente), mettere la salsiccia a fuoco normale fino a quando non è più rosa per quasi 6 minuti sbriciolandola; scolarla. Mescolare le cipolle verdi e i formaggi; tenere da parte. Pulire la padella.

2. Prendete una piccola ciotola, sbattete le uova, il sale, il latte e il pepe fino ad amalgamarli. Nella stessa padella scaldate il burro a fuoco normale. Mettete il composto di uova; mescolate e cuocete fino a quando le uova sono spesse e non rimane liquido. Aggiungere la salsiccia.

3. Preriscaldare la friggitrice a 200 gradi C. Mettere 1/4 di tazza di ripieno appena sotto il centro dell'involucro. Piegare l'angolo inferiore sopra il ripieno; inumidire i lati rimanenti dell'involucro con acqua. Piegare gli angoli laterali sopra il ripieno al centro. Arrotolare l'uovo saldamente, premendo per fissare la punta. Ripetere l'operazione.

4. Disporre gli involtini d'uovo a gruppi su un vassoio unto nel cestello della friggitrice ad aria in un unico strato; spruzzare con spray da cucina. Cuocere per circa 4 minuti, fino a leggera doratura. Girare; spruzzare con spray per la cottura. Cuocere fino a quando sono croccanti e dorati per altri 4 minuti circa.

5. Servire con sciroppo d'acero o salsa, se necessario.

4. Colazione in casseruola a basso contenuto di carboidrati

Tempo di cottura: 15 min, Tempo di preparazione: 10 min, Difficoltà: Medio, Porzione: 6

Ingredienti

- 8 uova intere
- 450g di salsiccia macinata
- 1 peperone verde tagliato a dadini
- 50g di formaggio tagliuzzato
- 1 cucchiaino di semi di finocchio
- 15g di cipolla bianca a dadini
- 1/2 cucchiaino di sale all'aglio

Istruzioni

1. Mettere il peperone e la cipolla e cuocere insieme alla salsiccia macinata fino a quando la salsiccia è cotta e le verdure sono morbide.

2. Usando la padella di Air-fryer, spruzzare la padella (antiaderente)con spray da cucina.

3. Mettere la salsiccia macinata sul fondo della padella della friggitrice ad aria.

4. Coprire con il formaggio.

5. Mettere le uova sbattute uniformemente sopra la salsiccia e il formaggio.

6. Aggiungere il sale all'aglio e i semi di finocchio sulle uova.

7. Mettere la griglia nella friggitrice e poi mettere la padella sopra.

8. Impostare su Air Crisp per quasi 15 minuti a 190 gradi C.

9. Se stai usando la friggitrice ad aria, metti il piatto direttamente nel cestello della friggitrice ad aria e cuoci per quasi 15 minuti a 190 gradi C.

10. Togliere con cura e servire.

5. Ciambelle con la friggitrice

Tempo di cottura: 5 min, Tempo di preparazione: 10 min, Difficoltà: Facile, Porzioni: 6

Ingredienti

- 2 cucchiaini di cannella
- olio d'oliva spray
- 4 cucchiai di burro (fuso)80g
- 125g zucchero bianco granulato
- 450g di biscotti grandi freddi e sfogliati

Istruzioni

1. Prendere un piatto poco profondo, unire la cannella e lo zucchero e mettere da parte.

2. Togliere i biscotti dal piatto, separarli e metterli su una superficie abbastanza piatta. Fare dei buchi al centro di ogni biscotto usando un piccolo taglia biscotti rotondo.

3. Rivestire delicatamente il cestello della friggitrice ad aria con olio di cocco o olio d'oliva spray. Si prega di non usare lo spray antiaderente perché può distruggere il rivestimento del cestello.

4. Mettere 4 ciambelle in un solo strato nel cestello della friggitrice ad aria. Assicurarsi che non siano in contatto.

5. Friggere all'aria a 190 gradi C per circa 5 minuti o fino a quando non sono croccanti o leggermente dorati.

6. Togliere le ciambelle dalla friggitrice, rotolare nello zucchero di cannella per rivestirle, poi immergerle nel burro fuso.

7. Servire immediatamente.

6. Salsiccia con friggitrice ad aria

Tempo di cottura: 10 min, Tempo di preparazione: 10 min,
Difficoltà: Facile, Porzioni: 5

Ingredienti

- 2 cucchiaini di salvia secca strofinata 6g
- 2 cucchiaini di aglio in polvere 6g
- 2 cucchiaini di semi di finocchio 6g
- 1 cucchiaino di paprika 2g
- 450g di tacchino macinato
- 1 cucchiaino di sale marino
- 450g di carne di maiale macinata
- 1 cucchiaio di sciroppo d'acero 20g
- 1 cucchiaino di timo secco 3g

Istruzioni

1. Mescolate il tacchino e il maiale in una grande ciotola. Prendete una piccola ciotola e mescolate i restanti ingredienti: finocchio, sale, salvia, paprika, aglio in polvere e timo. Versare le spezie nella carne e mescolare completamente.

2. Con 2-3 cucchiai di carne formare le palline per farne delle polpette. Mettere nella friggitrice ad aria in 2 più riprese diversi.

3. Impostare la temperatura della friggitrice a 190 gradi C e cuocere per quasi 10 minuti. Togliere e ripetere con il resto della salsiccia.

Capitolo 3: Spuntini e Aperitivi

1. Cuori di carciofo croccanti con rafano Aioli

Tempo di cottura: 45 min, Tempo di preparazione: 15 min, Difficoltà: Difficile, Dose: 2

Ingredienti

- 2 cucchiai di olio d'oliva
- Un pizzico di sale aromatizzato fatto in casa
- Un pizzico di pepe nero macinato grossolanamente
- 3 tazze di cuori di carciofo congelati 450g
- 1 cucchiaio di succo di limone spremuto fresco

Istruzioni

1. Preriscaldare il forno a 220 gradi C, foderare la teglia con carta forno.
2. Aprire la confezione di cuori di carciofo congelati; versare il succo di limone e l'olio d'oliva; mescolare bene per ricoprire i cuori. Cospargere con pepe nero e sale aromatizzato e di nuovo mescolare uniformemente.

3. Disporre i cuori di carciofo conditi su una teglia foderata di carta forno in un unico strato e cuocere a 220C per 45 minuti al centro del forno, mescolando più volte durante la cottura, fino a quando sono leggermente dorati.

4. 4. Togliere dal forno e quando si raffreddano, i cuori diventeranno più croccanti. Spostare su un piatto e servire con un tuffo di salsa al rafano raffreddata.

2. Ricetta Curry wurst tedesco

Tempo di cottura: 12 min, Tempo di preparazione: 5 min,
Difficoltà: Facile, Porzioni: 4

Ingredienti

- 2 cucchiai di aceto 30 ml
- 2 cucchiaini di curry in polvere 6g
- 1/2 cucchiaino di stevia 2g o 1 cucchiaino di zucchero 4g
- Un pizzico di pepe di Caienna
- ½ tazza di cipolla a dadini
- 1 tazza di salsa di pomodoro in scatola 150g
- 450g di bratwurst (wustel Tedesco)
- 2 cucchiaini di paprika dolce 6g

Istruzioni

1. Prendete un contenitore, mescolate il pepe di cayenna, la polvere di curry, l'aceto, lo zucchero, la paprika e la salsa di pomodoro. Mescolare le cipolle nel composto.

2. Tagliare il bratwurst in pezzi spessi 2cm sulla diagonale. Mettere il bratwurst nella salsa di pomodoro e mescolare bene il composto.

3. Mettere la padella nel cestello della friggitrice ad aria.

4. Impostare la friggitrice a 200C per 12 minuti fino a quando la salsiccia è cotta e la salsa è spumeggiante.

3. Psiti greci di feta al forno

Tempo di cottura: 10 min, Tempo di preparazione: 5 min, Difficoltà: Facile, Porzioni: 4

Ingredienti

- 2 cucchiai di olio d'oliva
- 1 cucchiaio di pepe rosso schiacciato 3g
- 1 cucchiaio di origano secco 3g
- 2 cucchiai di miele o sciroppo Choczero per Keto 40g
- 230g di formaggio Feta in blocco

Istruzioni

1. Tagliare il panetto di feta a metà e poi tagliare ogni fetta più sottile a metà per ottenere 4 pezzi uguali.

2. Metteteli su un piatto da portata.

3. Spalmare il formaggio con olio d'oliva, spargere l'olio uniformemente usando un pennello di silicone per condire. Poi cospargere l'origano e i fiocchi di pepe rosso.

4. Coprire con il miele. Distribuire il miele in modo uniforme usando un pennello in silicone.

5. Mettere il piatto nel cestello della friggitrice ad aria.

6. Impostare la friggitrice a 200 gradi C per quasi 10 minuti.

7. Una volta fatto, tiratelo fuori, spalmate l'olio e il miele usando lo stesso pennello e servite.

4. Bastoncini per french toast con la friggitrice ad aria

Tempo di cottura: 8 min, Tempo di preparazione: 12 min, Difficoltà: Facile, Porzioni: 12

Ingredienti

- 1 tazza di latte 250ml
- 5 uova grandi
- 1 cucchiaino di estratto di vaniglia
- 1/4 di tazza di zucchero granulato 55g
- 1 cucchiaio di canella 3g
- 4 cucchiai di burro fuso 80g
- Sciroppo d'acero, facoltativo
- 12 fette di Texas Toast

Istruzioni

1. Tagliare ogni fetta di pane in tre parti.
2. Prendete una ciotola, aggiungete il latte, il burro, le uova e la vaniglia. Mescolare fino a quando non si è amalgamato.
3. In una ciotola a parte mettere lo zucchero e la cannella.
4. Immergere rapidamente ogni grissino nella miscela di uova.

5. Cospargere la miscela di zucchero su entrambi i lati.

6. Mettere nel cestello della friggitrice ad aria e cuocere a 180 gradi C per quasi 8 minuti o fino a quando diventa croccante.

7. Togliere dal cestello e lasciare raffreddare. A seconda dei gusti, servire con sciroppo d'acero.

Capitolo 4: Pollo, Maiale e Carne Rossa

1. Pollo alle arachidi con friggitrice ad aria

Tempo di cottura: 20 min, Tempo di preparazione: 15 min, Difficoltà: Medio, Porzione: 4

Ingredienti

- 60 g di burro di arachidi cremoso
- 1 cucchiaio di salsa Sriracha
- 1 cucchiaio di salsa di soia
- 2 cucchiai di salsa di peperoncino dolce tailandese
- 450g di cosce di pollo con osso e pelle
- 2 cucchiai di succo di lime
- 1 cucchiaino di aglio tritato 3g
- 1 cucchiaino di zenzero tritato 3g
- Un pizzico di sale kosher, a piacere
- 110 ml di acqua calda
- 5-6 cucchiai di coriandolo 35g circa
- 15g di scalogno verde tritato
- 2-3 cucchiai di arachidi schiacciate

Istruzioni

1. Mescolare salsa di soia, burro di arachidi, sriracha, succo di lime, salsa di peperoncino dolce e sale. Aggiungere l'acqua calda e mescolare fino ad ottenere un composto omogeneo.

2. Mettere il pollo in un sacchetto con chiusura a zip. Mettere metà della salsa e mescolare fino a quando il pollo è ben rivestito. Se c'è tempo, lasciate marinare il pollo per quasi 30 minuti o fino a 24 ore mettendolo in frigorifero.

3. Togliete il pollo dal sacchetto e conservate quanta più marinatura possibile. Mettere il pollo marinato nel cestello della friggitrice.

4. Impostare la friggitrice a 180 gradi C per quasi 22 minuti o fino a quando le cosce di pollo raggiungono la temperatura di 80C nella loro parte più alta.

5. Guarnire con cipolla, coriandolo e arachidi.

6. Servire con la salsa rimanente per intingere.

2. Pollo brasiliano

Tempo di cottura: 25 min, Tempo di preparazione: 5 min,
Difficoltà: Medio, Porzione: 4

Ingredienti

- 1 cucchiaino di origano secco 3g
- 1 cucchiaino di prezzemolo secco 3g
- 1 cucchiaino di curcuma 3g
- 1 cucchiaino di sale kosher 3g
- 1/2 cucchiaino di semi di coriandolo 1g
- 1/2 cucchiaino di grani di pepe nero interi 1g
- 1/2 cucchiaino di pepe di Caienna 1g
- 1 cucchiaino di semi di cumino
- 60 ml di succo di lime
- 2 cucchiai di olio
- 700g di fusi di pollo

Istruzioni

1. Prendete un macinino da caffè pulito, frullate il cumino, il prezzemolo, i grani di pepe, l'origano, la curcuma, i semi di coriandolo, il sale kosher e il pepe di cayenna.

2. In una ciotola media, mescolare le spezie macinate con l'olio e il succo di lime. Aggiungere i fusi di pollo

e girarle, ricoprendole bene con la marinatura. Lasciare marinare il pollo per quasi 30 minuti o fino a 24 ore mettendolo in frigorifero.

3. Quando si è pronti a cucinare, mettere le cosce di pollo nel cestello della friggitrice ad aria, con la pelle verso l'alto.

4. Impostare la friggitrice a 200C per quasi 25 minuti per le cosce di pollo carnose. A metà cottura, girate le cosce di pollo.

5. Si può usare un termometro per assicurarsi che il pollo abbia raggiunto una temperatura interna di 80C.

6. Togliere e servire con molti tovaglioli.

3. Pollo Tandoori - Friggitrice ad aria

Tempo di cottura: 15 min, Tempo di preparazione: 1 hr 25 min, Difficoltà: Medio, Porzioni: 4

Ingredienti

- 1 cucchiaio di olio
- 2 cucchiai di foglie di coriandolo
- 5 fusi di pollo
- 4 spicchi di limone
- 60 g di yogurt denso
- 1 cucchiaio di pasta d'aglio 7g
- 1 cucchiaio di pasta di zenzero 7g
- 1/2 cucchiaino di curcuma 1g
- 1 cucchiaino di cumino macinato
- 1 cucchiaino di polvere di peperoncino rosso 1g
- 1 cucchiaio di foglie di fieno greco secche 1g
- 1 cucchiaino di sale
- 1/2 cucchiaino di Masala (Garam)1g
- 1 cucchiaio di succo di lime

Istruzioni

1. Fare 3/4 fessure su ogni fuso.

2. Mescolare tutti gli ingredienti per la marinatura.

3. Mettere i fusi di pollo in modo uniforme e lasciarli marinare per quasi 1 ora mettendole in frigorifero (si può tenere al fresco in frigorifero fino a 10 ore).

4. Togliere il pollo marinato dal frigorifero quando è pronto per la cottura. Mettere in un solo strato nella padella o nel cestello della friggitrice ad aria. Ungerlo con un po' di olio di cottura.

5. Cuocere nella friggitrice ad aria a 180C per quasi 10 minuti. Bagnare con olio e girare il pollo. Poi cuocere per altri 5 minuti.

6. Mettere su un piatto da portata.

7. Servire con cipolla affettata e spicchi di limone.

4. Petti di pollo

Tempo di cottura: 11 min, Tempo di preparazione: 4 min,
Difficoltà: Facile, Dose: 2

Ingredienti

- 1 cucchiaio di olio d'oliva
- 1 pizzico di sale
- 1 cucchiaino di aglio in polvere
- 2 petti di pollo
- 1 cucchiaino di paprika 3g

Istruzioni

1. Strofinare l'olio d'oliva sui petti di pollo, poi coprirli con la miscela di aglio in polvere, sale e paprika.

2. Mettere nella friggitrice ad aria, assicurarsi che ci sia poco spazio tra di loro.

3. Impostare la friggitrice a 200 gradi C e cuocere per quasi 7 minuti poi girare il pollo e cuocere per altri 4 minuti.

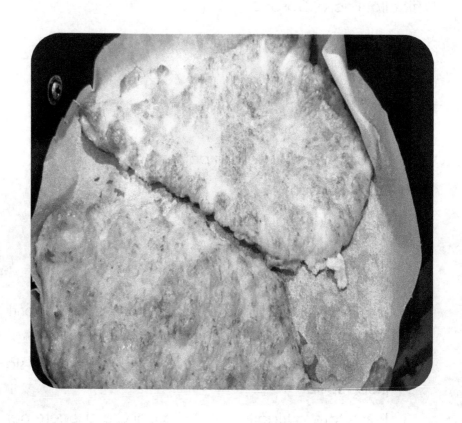

5. Eleganti crocchette di pollo con friggitrice ad aria

Tempo di cottura: 14 min, Tempo di preparazione: 10 min, Difficoltà: Medio, Porzioni: 4

Ingredienti

- 1 tazza di succo di sottaceti 230 ml
- 1 uovo grande
- 3 cucchiai di latte 30g
- 30gdi farina per tutti gli usi
- 3 cucchiai di amido di mais 60g
- 2 cucchiai di zucchero in polvere 30g
- 1 1/2 cucchiaino di sale 10g
- Un pizzico di paprika
- Un pizzico di pepe nero
- Un pizzico in polvere
- Un pizzico di cipolla in polvere
- olio per spruzzare
- 2 petti di pollo da 160g

Istruzioni

1. Mettere il succo di sottaceti e i pezzi di pollo in un sacchetto di plastica. Chiudere il sacchetto e metterlo a raffreddare in frigorifero per quasi 30 minuti.

2. Contemporaneamente, prendete una ciotola poco profonda e mescolate insieme il latte e l'uovo.

3. Prendere un'altra ciotola, mescolare insieme la farina, la paprika, l'amido di mais, l'aglio in polvere, il sale, la cipolla in polvere e il pepe nero. Mettere da parte.

4. Togliere i pezzi di pollo dal frigorifero. Ungere il cestello della friggitrice ad aria con dell'olio. Rivestire i petti di pollo nella miscela del latte poi passarli nella miscela della farina poi scuotere la farina in eccesso e metterli nel cestello. Ripetere fino a quando il fondo del cestello della friggitrice è pieno. Assicuratevi che nessuno dei pezzi si sovrapponga o si tocchi.

5. Chiudere il cestello della friggitrice e cuocere a 180C per quasi 12 minuti, girando a metà cottura. Spruzzare con olio eventuali punti di farina durante il capovolgimento.

6. Dopo quasi 12 minuti, aumentare il calore a 200 gradi C e cuocere per altri 2 minuti.

7. Rimuovere e servire con la propria salsa preferita.

6. Involtini di pollo

Tempo di cottura: 10 min, Tempo di preparazione: 15 min, Difficoltà: Facile, Porzioni: 12

Ingredienti

- 220g di pollo sminuzzato
- 110 ml di salsa per ali di pollo
- 120g di Formaggio cremoso ammorbidito
- 75g di gorgonzola
- 75g di formaggio Cheddar tagliuzzato
- 12 involtini di uova
- 2 cipolle verdi tritate finemente
- Condimento al gorgonzola facoltativo

Istruzioni

1. Prendete una grande ciotola, mescolate il gorgonzola, la salsa di ali di pollo, il formaggio cremoso e il formaggio cheddar fino ad amalgamare bene. Mescolare le cipolle verdi tritate con pollo tagliuzzato. Mescolare bene.

2. Assemblare gli involtini utilizzando circa 2 cucchiai di ripieno per ogni involtino, seguendo le indicazioni della confezione degli involtini.

3. Mettere gli involtini nel cestello della friggitrice, lasciare un po' di spazio tra gli involtini. Spruzzare con spray da cucina

4. Cuocere nella friggitrice ad aria a 180 gradi C per quasi 10 minuti, girando a metà del tempo di cottura.

5. Servire il piatto caldo con il condimento di gorgonzola.

7. Polpette giamaicane Jerk nella friggitrice ad aria

Tempo di cottura: 14 min, Tempo di preparazione: 3 min, Difficoltà: Facile, Porzioni: 4

Ingredienti

Gadget da cucina:

- Creatore di polpette
- Friggitrice ad aria

Polpette giamaicane Ingredienti:

- 1 cucchiaio di condimento jerk (mix spezie jamaicano)
- 1 kg di carne macinata di pollo
- 100 g di pangrattato
- Ingredienti della salsa giamaicana:
- 1 cucchiaino di condiment jerk
- 4 cucchiai di miele 80g
- 1 cucchiaio di salsa di soia 15 ml

Istruzioni

1. Mettere il pollo in una grande ciotola con il condimento jerk e il pangrattato e mescolare bene. Formare delle polpette utilizzando una pressa per polpette.

2. Mettere le polpette di jerk jamaicano nella friggitrice ad aria e cuocere per quasi 14 minuti a 180C.

3. Prendete una ciotola e sbattete insieme il miele, la salsa di soia e il restante mix di spezie jerk. Frullare bene.

4. Quando le polpette Jerk (giamaicane) sono cotte metterle nella salsa.

5. Serviteli su bastoncini.

8. Chili di manzo facile con patate dolci

Tempo di cottura: 1 giorno 16 ore, Tempo di preparazione: 10 ore, Difficoltà: Difficile, Porzione: 5

Ingredienti

- 1/2 tazza di peperoni rossi tritati
- 2-3 spicchi d'aglio, tritati
- 1 cucchiaio di olio d'oliva
- 1/2 tazza di peperoni verdi tritati
- 1/2 tazza di cipolle tritate
- 450g di manzo macinato
- 2 barattoli di fagioli chili da 450g
- 120 ml di brodo di manzo
- 1 patata dolce media tagliata a cubetti
- 200g di concentrato di pomodoro in scatola
- 1 lattina di pomodori a cubetti e peperoncino
- Condimento per chili fatto in casa
- 1 cucchiaino di cumino 3g
- 1 cucchiaino di origano secco 3g
- sale e pepe a piacere
- 1 cucchiaio di peperoncino in polvere 3g
- 1 cucchiaino di pepe di cayenna rosso 3g

Istruzioni

1. Prendete un forno olandese o una grande pentola e scaldatela a fuoco medio-alto. Quando è caldo, aggiungere l'olio d'oliva, i peperoni verdi, le cipolle tritate e i peperoni rossi.

2. Saltare per qualche minuto fino a quando le verdure sono morbide.

3. Mettere l'aglio tritato e mescolare.

4. Aggiungere il manzo tritato. Sbriciolare il manzo tritato usando un tritacarne.

5. Condire il manzo con il condimento chili. Mescolate fino a quando avrete cotto il manzo tritato, circa 4 minuti. Scolare il grasso in eccesso.

6. Aggiungere il concentrato di pomodoro, i pomodori e i peperoncini tagliati a cubetti, il brodo e le patate dolci a cubetti nella padella. Mescolare bene.

7. Coprire la padella e lasciare cuocere per quasi 40 minuti a fuoco medio-basso fino a quando le patate dolci sono morbide. Controllare dopo 10 minuti.

8. Raffreddare prima di servire.

9. L'ultimo hamburger di agnello con la friggitrice ad aria

Tempo di cottura: 18 min, Tempo di preparazione: 3 min, Difficoltà: Facile, Porzioni: 4

Accessori in cucina

- Burger Press
- Friggitrice ad aria

Ingredienti

Hamburger di agnello:

- 2 cucchiai di purea d'aglio
- 1 cucchiaino di pasta Harissa (salsa nordafricana a base di peperoncino)
- 650 g di agnello tritato
- 1 cucchiaio di spezie marocchine 8g
- Sale e pepe

Intingolo greco:

- ½ cucchiaino di oregano 1g
- 1 limone piccolo
- 1 cucchiaino di spezie marocchine 3g
- 3 cucchiai di yogurt Greco 60g

Istruzioni

1. Mettete gli ingredienti dell'hamburger d'agnello in una ciotola e mescolateli bene fino a che tutta la macinatura d'agnello sia ben condita.

2. Preparare il macinato d'agnello in forme tipo hamburger usando una pressa per hamburger.

3. Mettere gli hamburger nella friggitrice ad aria e cuocere per quasi 18 minuti a 180C.

4. Mentre stanno cuocendo preparate l'intingolo greco sbattendo insieme gli ingredienti con una forchetta.

5. Servilo con i tuoi hamburger di agnello.

10. Hamburger con la friggitrice ad aria

Tempo di cottura: 12 min, Tempo di preparazione: 5 min, Difficoltà: Facile, Porzioni: 4

Ingredienti

Accessori da cucina:

- Tagliabiscotti
- Friggitrice ad aria

  Burger:

- 500 g di carne di maiale macinata
- ½ cipolla piccola
- 1 cucchiaio di formaggio morbid 15g
- 1 cucchiaino di purea d'aglio 3g
- 2 cucchiaini di timo 6g
- 2 cucchiai di oregano 6g
- 500 g di manzo tritato
- Sale e pepe

Istruzioni

1. Sbucciare la cipolla e tagliare a dadini poi metterla in una ciotola con il resto degli ingredienti per l'hamburger.
2. Mescolare bene con le mani.

3. Aggiungere il formaggio morbido e mescolare ancora un po'.

4. Tagliare in forme di hamburger usando un taglia biscotti.

5. Mettere nel cestello della friggitrice ad aria e cuocere per quasi 12 minuti a 180C.

6. Aggiungere l'altra fetta del panino dell'hamburger

7. Servire immediatamente.

11. Papas ellena (crocchette sudamericane) con la friggitrice ad aria

Tempo di cottura: 15 min, Tempo di preparazione: 45 min, Difficoltà: Medio, Porzione: 6

Ingredienti

- 120 ml di salsa di pomodoro
- 1 piccolo peperone verde
- 1 cipolla piccola
- 1/2 tazza di uvetta
- 1,3 kg di patate
- 450g di manzo magro macinato
- 2 pizzichi di sale
- Due pizzichi di pepe
- Un pizzico di paprika
- 1 cucchiaino di polvere d'aglio 3g
- 75g olive verdi affettate
- 2 uova grandi, leggermente sbattute
- 125g di pangrattato
- Spray da cucina

Istruzioni

1. Mettere le patate in una grande casseruola e ricoprirle d'acqua. Assicurarsi che arrivi all'ebollizione. Ridurre il calore; coprire e cuocere per quasi 20 minuti fino a quando sono tenere.

2. Contemporaneamente, in una grande padella, cuocere il pepe verde, la cipolla e la carne di manzo a fuoco medio-alto fino a quando non è più rosa. Mescolare con uvetta, pomodoro salsa, olive, un pizzico di pepe, un pizzico di sale e paprika; riscaldare tutto insieme.

3. Scolare le patate; schiacciare con il rimanente pizzico di sale e pepe e la polvere d'aglio. Con 2 cucchiai di patate fare una piccola polpetta; mettere un cucchiaio di ripieno di carne al centro. Modellare le patate intorno al ripieno, come una palla. Ripetere la procedura.

4. Mettere il pangrattato e le uova in ciotole separate e poco profonde. Immergere le patate nella miscela di uova, poi rotolare nel pangrattato. Preriscaldare la friggitrice ad aria a 200 gradi C. In più riprese, mettere su un vassoio unto in un singolo strato nel cestello della friggitrice ad aria; cospargere di spray da cucina. Cuocere per circa 16 minuti fino a quando non sono croccanti o dorati.

12. Mini chimichangas (tortilla messicana) con la friggitrice ad aria

Tempo di cottura: 10 min, Tempo di preparazione: 1 ora, Difficoltà: Medio, Porzione: 14

Ingredienti

- 60 ml di acqua
- 250 ml di panna acida
- 1 cipolla media (tritata)
- 1 busta taco
- 1 lattina di peperoncini verdi tritati
- 450g di manzo macinato
- 14 involtini di uova
- 3 tazze di formaggio (tagliuzzato) 330g
- 1 albume grande
- Spray da cucina
- Salsa

Istruzioni

1. In una padella grande, cuocere la cipolla e il manzo a fuoco medio-alto; scolare. Mescolare in acqua taco e condimento. Portare a ebollizione. Ridurre il calore; sobbollire, scoprire per quasi 5 minuti, mescolando di tanto in tanto. Togliere dal fuoco; raffreddare leggermente.

2. Preriscaldare la friggitrice a 190 C. Prendere una grande ciotola, unire la panna acida, il formaggio e i peperoncini. Mescolate con la carne di manzo. Mettere un involtino sulla superficie di lavoro. Mettere 1/3 di una tazza (80g circa) di ripieno al centro. Piegare un terzo del fondo dell'involtino sopra il ripieno; piegare lateralmente.

3. Spennellare la superficie con l'albume; arrotolare per coprire. Ripetere l'operazione con gli involtini avanzati.

4. In gruppi, mettere i chimichangas su un vassoio unto in un singolo strato nel cestello della friggitrice ad aria; spruzzare con spray da cucina. Cuocere fino a quando sono croccanti o dorati per circa 4 minuti su entrambi i lati.

5. Servire caldo con ulteriore panna acida e salsa.

13. Burritos di maiale con la friggitrice ad aria

Tempo di cottura: 5 min, Tempo di preparazione: 35 min,
Difficoltà: Medio, Porzione: 6

Ingredienti

- 2 cucchiaini di sale 19g
- 1-1/2 cucchiaini di pepe 5g
- 700g di lombo di maiale disossato
- 1 tazza di pomodori ciliegino tritati con semi
- 1 cucchiaio di olio d'oliva
- 1 piccolo peperone verde
- 80 ml di concentrato di lime scongelato
- 1 cipolla piccola
- 60 ml di panna acida
- 50g di coriandolo fresco sbucciato
- 1 peperone jalapeno
- 1 cucchiaio di succo di lime
- 200g di riso a grana lunga non cotto
- Un pizzico di polvere d'aglio
- 330g di formaggio Monterey Jack (tagliuzzato)
- 6 tortillas di farina
- 1 lattina (500g) di fagioli neri
- Spray da cucina

Istruzioni

1. Prendere un grande piatto poco profondo, mescolare il concentrato di lime, 1 cucchiaino di sale, l'olio e un pizzico di pepe; aggiungere la carne di maiale. Girare per ricoprire; mettere il piatto coperto in frigo per almeno 20 minuti.

2. Per la salsa, prendere una piccola ciotola, unire i pomodori, la cipolla, il pepe verde, 50g di coriandolo, il succo di lime, il jalapeno, la polvere d'aglio e il resto del pepe e del sale. Mettere da parte.

3. Contemporaneamente, cuocere il riso secondo le istruzioni scritte sulla confezione. Mescolare il resto del coriandolo; tenere in caldo.

4. Scolare la carne di maiale e scartare la marinata. Preriscaldare la friggitrice ad aria a 180 gradi C. Mettere la carne di maiale in gruppi in un singolo strato in un cestello della friggitrice ad aria su un vassoio unto; cospargere di spray da cucina. Cuocere per quasi 10 minuti fino a quando la carne di maiale non è più rosa, girando a metà cottura.

5. Cospargere ogni tortilla con 110g di formaggio. Poi fare uno strato ciascuno con 60 ml di salsa, 70g miscela di riso, 50g di fagioli neri e 60 ml di panna acida, in cima con 70g di carne di maiale. Piegare i lati e le estremità del ripieno.

6. Servire con il resto della salsa.

14. Costolette di maiale fritte in stile meridionale con la friggitrice ad aria

Tempo di cottura: 20 min, Tempo di preparazione: 5 min, Difficoltà: Facile, Porzioni: 4

Ingredienti

- 4 costolette di maiale
- 3 cucchiai di latticello
- 30g di farina per tutti gli usi
- 1 sacchetto con la zip
- Pepe a piacere
- Sale da condimento
- Olio da cucina spray

Istruzioni

1. Picchiettare fino a quando le braciole di maiale diventano asciutte.
2. Condire le braciole di maiale con il condimento di pepe e sale.
3. Cospargere le costolette di maiale con il latticello.
4. Mettere le costolette di maiale in un sacchetto con la farina. Scuotere per ricoprire interamente.
5. Marinare per quasi 30 minuti. È facoltativo ma aiuta la farina ad aderire alle costolette di maiale.

6. Mettere le costolette di maiale nella friggitrice ad aria. Non impilare. Cuocere in più riprese se necessario.

7. Irrorare le costolette di maiale con olio di cottura.

8. Cuocere le costolette di maiale per quasi 15 minuti a 190 C. Girare le costolette di maiale sul lato dopo quasi 10 minuti.

Capitolo 5: Pesce, Frutti di Mare e Verdure

1. Polpette di salmone alla friggitrice

Tempo di cottura: 16 min, Tempo di preparazione: 15 min, Difficoltà: Facile, Porzioni: 8

Ingredienti

- 375g di purè di patate
- 60 ml di latte
- 1 cucchiaino abbondante di erba cipollina 4g
- 1 cucchiaino di aneto 3g
- Un pizzico di pepe bianco
- Un pizzico di pepe di Caienna
- 1 cucchiaio abbondante di prezzemolo 4g
- Un pizzico di condimento creolo
- 750g di salmone in scatola bagnato, 500g asciutto
- 60g di farina
- 4 uova sbattute
- 125g di pangrattato

Istruzioni

1. Mescolare ogni ingrediente tranne quello relativo all'impanatura.

2. Ridurre il salmone in piccole polpette. Passare nella farina, poi nel pangrattato e poi nel composto di uova.

3. Aggiungere l'olio d'oliva in una grande padella preriscaldata e sciogliere il burro sul fornello. Cuocere qualche minuto su ogni lato fino a che non si sia formata una bella crosta dorata.

4. Cuocere a 200 gradi C per 8 minuti nella friggitrice ad aria e spruzzare con olio d'oliva. Capovolgere e spruzzare di nuovo con olio d'oliva, e cuocere per altri 8 minuti.

5. Servire immediatamente o raffreddare in un contenitore ermetico in frigorifero fino a una settimana. Può essere servito con una crema di piselli.

2. Crocchette di pesce gatto fritte all'aria

Tempo di cottura: 17 min, Tempo di preparazione: 5 min, Difficoltà: Medio, Dose: 2

Ingredienti

- 60 ml di olio
- 1 scatola di preparato per frittura di pesce
- 900g di Crocchette di pesce gatto

Istruzioni

1. Sciacquare il pesce e metterlo da parte.
2. Mettere metà del mix di frittura di pesce in un grande sacchetto.
3. Aggiungere alcune pepite di pesce gatto nel sacchetto che contiene il mix per la frittura.
4. Sigillare il sacchetto e agitare bene per ricoprire le crocchette.
5. Togliere le pepite con le pinze (una alla volta), scuotere la pastella in eccesso.
6. Mettere le pepite di pesce gatto nel cestello della friggitrice ad aria. Segui le indicazioni della tua friggitrice ad aria per riempire il cestello. Lascia un po' di spazio e non riempire troppo.
7. Versare l'olio in una padella relativamente piccola.

8. Immergere il pennello per condire nell'olio e passarlo sulla parte superiore di ogni pezzetto di pesce gatto. Non c'è bisogno di condire ogni lato del pesce. Non gireremo il pesce durante la cottura.

9. Accendere la friggitrice ad aria a 190 C e impostare il timer per quasi 17 minuti. Iniziare a controllare dopo circa 12 minuti. (Tutte le friggitrici ad aria sono diverse). Non scuotere durante la cottura.

10. Quando è pronto togliere dal cestello e far scolare sulla carta assorbente.

11. Aggiungere l'altro lotto al cestello, ripetere la procedura. Il tempo di cottura totale varia a seconda di quanti riprese di cottura vengono fatte.

3. Filetti di pesce in crosta di parmigiano

Tempo di cottura: 10 min, Tempo di preparazione: 10 min, Difficoltà: Facile, Porzioni: 4

Ingredienti

- 450g di filetti di pesce scongelati
- 60g di farina di cocco
- 35g di parmigiano
- Un pizzico di pepe al limone
- Salsa alla senape di Digione
- 60 ml di panna acida
- 1 cucchiaio di panna da montare 9g
- 1 cucchiaio di senape di Digione
- Filetti di pesce fritto
- Un pizzico di erba cipollina secca

Istruzioni

1. Prendete un piccolo contenitore, aggiungete il parmigiano, la farina di cocco e il condimento di pepe al limone. Mescolare bene per amalgamare.

2. Spruzzare ogni lato del pesce con uno spray da cucina. Cospargere il pesce con la miscela di parmigiano in modo che entrambi i lati siano ricoperti. Premere con le dita il composto di parmigiano sul pesce, se necessario.

3. Aggiungere al cestello della friggitrice ad aria e cuocere a 200 gradi C per circa 10 minuti o fino a quando il pesce si sfalda facilmente. Fermare la friggitrice a metà cottura per girare il pesce.

4. Prendere una piccola casseruola a fuoco medio, aggiungere la panna acida, la senape di Dijone, la panna da montare e l'erba cipollina. Mescolare per amalgamare e riscaldare ma non far bollire.

5. Mettere la salsa di senape sul pesce cotto.

6. Servire immediatamente.

4. Pesce gatto in crosta di pretzel all'aria

Tempo di cottura: 10 min, Tempo di preparazione: 15 min,
Difficoltà: Medio, Porzione: 4

Ingredienti

- Un pizzico di sale

- Un pizzico di pepe

- 2 uova grandi

- 50g di senape di Digione

- 2 cucchiai di latte al 2% 10g

- 60g di farina

- 4 filetti di pesce gatto

- 300g di pretzel alla senape al miele

- Spray da cucina

- Fette di limone

Istruzioni

1. Preriscaldare la friggitrice a 160 gradi C.
   Cospargere il pesce gatto con pepe e sale.
   Mescolare uova, latte e senape in una ciotola
   profonda. Mettere i pretzel e la farina in ciotole
   diverse. Coprire i filetti con la farina, poi immergerli
   in una miscela di uova e coprirli con i pretzel.

2. Mettere i filetti su un vassoio unto in un unico strato nel cestello della friggitrice ad aria (a gruppi); spruzzare con spray da cucina. Cuocere per circa 12 minuti fino a quando il pesce si sfalda facilmente con una forchetta.

3. Servire con fette di limone, se desiderato.

5. Sandwich di pesce croccante con la friggitrice ad aria

Tempo di cottura: 10 min, Tempo di preparazione: 10 min, Difficoltà: Facile, Dose: 2

Ingredienti

- Un pizzico di aglio in polvere
- Un pizzico di pepe
- 60g di pangrattato panko
- Un pizzico di sale
- 1 uovo
- 1 cucchiaio di succo di limone fresco
- Salsa tartara
- 1/2 cucchiaio di maionese 10g
- 300g di filetti di merluzzo tagliati a metà
- Olio da cucina
- 2 panini
- 2 cucchiai di farina 20g

Istruzioni

1. Iniziare preparando una stazione di cottura. Aggiungere la farina, il sale, l'aglio in polvere e il pepe in una ciotola abbastanza grande e immergervi il pesce.

2. Aggiungere il succo di limone, la maionese e l'uovo in un'altra ciotola abbastanza grande e immergervi il pesce. Mescolare l'uovo e mescolare i restanti ingredienti.

3. Prendere una ciotola separata per aggiungere il panko pangrattato. Tenere un asciugamano bagnato nelle vicinanze. Le mani possono sporcarsi.

4. Passo dopo passo, immergere il pesce nella farina, nella miscela di uova e nel pangrattato.

5. Mettere il pesce nel cestello dopo aver spruzzato il cestello della friggitrice ad aria con olio di cottura.

6. Spruzzare la parte superiore del pesce con olio da cucina.

7. Cuocere per quasi 10 minuti a 200 gradi C fino a quando non è dorato e croccante. Se volete girare il pesce, fatelo dopo 5 minuti e poi continuate a friggere all'aria fino a quando non è dorato e croccante.

8. Il pesce bianco è molto tenero e delicato. Fate molta attenzione mentre girate il pesce e mentre lo maneggiate quando lo togliete dalla friggitrice perché si rompe facilmente. Utilizzare una spatola di silicone.

9. Preriscaldare il forno a 220 C.

10. Foderare una teglia con carta da forno e mettete il pesce.

11. Infornare per quasi 12 minuti o fino a quando non è dorato e croccante.

6. Fagiolini arrostiti all'aglio con la friggitrice ad aria

Tempo di cottura: 8 min, Tempo di preparazione: 2 min, Difficoltà: Facile, Porzioni: 4

Ingredienti

- 1 cucchiaio di olio d'oliva
- 700g di fagiolini freschi (tagliati)
- Sale e pepe a piacere
- 1 cucchiaino di aglio in polvere 3g

Istruzioni

1. Versare l'olio d'oliva e gli altri condimenti sui fagiolini tagliati. Mescolare per condire uniformemente.

2. Mettere i fagiolini nel cestello della friggitrice ad aria.

3. Cuocere i fagiolini per quasi 8 minuti a 180 gradi C. Scuotere il cestino a metà del tempo totale di cottura.

4. Togliere i fagiolini e servire.

7. Asparagi arrostiti facili e veloci con la friggitrice ad aria

Tempo di cottura: 10 min, Tempo di preparazione: 5 min, Difficoltà: Facile, Porzioni: 5

Ingredienti

- 1 mazzo di asparagi (freschi)
- Sale e pepe
- 1 cucchiaio di olio d'oliva
- 1 1/2 cucchiaino di condimento 8ml
- Spicchio di limone fresco

Istruzioni

1. Pulire e tagliare l'estremità dura gli asparagi.

2. Condire gli asparagi con i condimenti e l'olio d'oliva. Si può anche usare uno spray di olio da cucina.

3. Aggiungere gli asparagi al cestello della friggitrice ad aria.

4. Cuocere per quasi 10 minuti a 180 C fino a quando non sono dorati o croccanti. Spruzzare del limone sugli asparagi arrostiti.

5. La cottura oltre i 10 minuti nella friggitrice ad aria non è raccomandata. Ma poiché ogni marca di

friggitrice ad aria funziona in modo diverso si raccomanda di controllare attentamente gli asparagi.

6. Quando gli asparagi sono cotti da quasi 5 minuti, iniziate a servirli con attenzione.

8. Nodini all'aglio facili

Tempo di cottura: 20 min, Tempo di preparazione: 10 min, Difficoltà: Facile, Porzioni: 4

Ingredienti

- 125g di farina integrale
- 3/4 di cucchiaino di sale kosher 2g
- 2 cucchiai di lievito in polvere 20g
- Olio d'oliva spray
- 1 tazza di yogurt greco senza grassi 250g
- 2 cucchiai di burro 20g
- 3 spicchi d'aglio, tritati
- 1 cucchiaio di parmigiano grattugiato 10g
- 1 cucchiaio di prezzemolo fresco tritato finemente 5g

Istruzioni

1. Preriscaldare la friggitrice ad aria 160 gradi C e impostare per quasi 12 minuti.

2. Infornare per circa 12 minuti cuocendo in più riprese senza sovraffollamento fino a quando non sono croccanti o dorati. Non c'è bisogno di girare.

9. Cavoletti di Bruxelles croccanti all'aceto balsamico con la friggitrice ad aria

Tempo di cottura: 10 min, Tempo di preparazione: 10 min, Difficoltà: Facile, Porzioni: 4

Ingredienti

- 75g di cipolle rosse affettate
- 300 g circa di cavoletti di bruxelles (freschi e tagliati a metà)
- 1 cucchiaio di aceto balsamico 15ml
- 1 cucchiaio di olio d'oliva
- Olio da cucina spray
- Sale e pepe

Istruzioni

1. Mettere le cipolle rosse affettate e i cavoletti di Bruxelles in una grande ciotola. Cospargere l'olio d'oliva (o spruzzare l'olio da cucina) e l'aceto balsamico in tutto il composto.

2. Cospargere di pepe e sale a piacere. Mescolare per ricoprire uniformemente.

3. Cospargere di olio di cottura il cestello della friggitrice ad aria.

4. Aggiungere le cipolle e i cavoletti di Bruxelles. Non sovraffollare il cestello. Cuocere in più riprese, se necessario, a seconda del modello di friggitrice ad aria.

5. Cuocere per quasi 5 minuti a 180 gradi C.

6. Aprire la friggitrice ad aria e far saltare le verdure con le pinze da cucina.

7. Cuocere per altri 5 minuti. Ogni marca di friggitrice ad aria cuoce in modo diverso. Quasi dopo 8 minuti, diventeranno leggermente grigliate ma ancora morbide. A 10 minuti saranno croccanti.

8. Raffreddare prima di servire.

Capitolo 6: Dolci

1. Budino di pane con la friggitrice ad aria

Tempo di cottura: 15 min, Tempo di preparazione: 15 min, Difficoltà: Facile, Dose: 2

Ingredienti

- 125ml di panna semi montata
- 80 g di zucchero
- 60 g di cioccolato semi dolce, tritato
- 1 uovo grande a temperatura ambiente
- 1 cucchiaino di estratto di vaniglia
- 125 ml di latte al 2%
- Un pizzico di sale
- Guarnizioni facoltative: zucchero a velo e panna montata
- 4 fette di pane vecchio di un giorno, senza crosta e tagliate a cubetti (450 g circa)

Istruzioni

1. Prendete una piccola ciotola per microonde e scioglieteci il cioccolato, mescolate fino a che non diventa liquido. Aggiungere la panna e mettere da parte.

2. Mescolare zucchero, uovo, latte, vaniglia e sale in una grande ciotola. Mescolare con la miscela di cioccolato. Aggiungere i cubetti di pane in modo da ricoprirli. Attendere 15 minuti.

3. Preriscaldare la friggitrice a 160 gradi C. Mettere 1 cucchiaio della miscela di pane in 2 pirottini unti. Posizionarli su un vassoio all'interno del cestello della friggitrice ad aria. Cuocere per 15 minuti finché un coltello non esce pulito quando viene inserito nel centro.

4. A seconda del gusto, completate con panna montata e zucchero a velo.

2. Ricetta ciambella di zucchero con friggitrice ad aria

Tempo di cottura: 5 min, Tempo di preparazione: 3 min, Difficoltà: Facile, Porzioni: 4

Ingredienti

- 60g di zucchero
- 1 tubo grande di biscotti Pillsbury
- 5 cucchiai di burro 50g
- Un pizzico di cannella

Istruzioni

1. Preriscaldare la friggitrice ad aria a 160 gradi C per circa 5 minuti.

2. Prendete una ciotola media per mescolate lo zucchero e la cannella e mettetelo da parte.

3. Aprire il barattolo dei biscotti e tagliare il centro di ogni biscotto. (Usare un piccolo taglia biscotti come taglia ciambelle perché è piccolo).

4. Mettete nella vostra friggitrice la parte più grande e quella esterna dei biscotti.

5. Cuocere per 5-7 minuti alla stessa temperatura (160 gradi C). Potrebbe essere necessario variare leggermente la temperatura a seconda del

modello della friggitrice ad aria. Assicuratevi che sia ben cotta al centro.

6. Sciogliere il burro mentre le ciambelle sono in cottura.

7. Usare un pennello da pasticceria; spalmare il burro fuso sulle ciambelle. Usare un cucchiaio per rivestire la parte superiore dopo averla messa nella ciotola della miscela di cannella e zucchero.

8. Scuotere delicatamente lo zucchero in eccesso.

9. Servire le ciambelle calde.

3. Wonton caraibici con la friggitrice ad aria

Tempo di cottura: 10 min, Tempo di preparazione: 30 min,
Difficoltà: Medio, Porzione: 12

Ingredienti

- 35 g di cocco grattugiato zuccherato
- 35 g di banana matura schiacciata
- 120g di formaggio cremoso, ammorbidito
- 2 cucchiai di noci tritate
- 150 g di crema di marshmallow
- 2 cucchiai di ananas schiacciato in scatola
- 24 involucri di wonton
- Spray da cucina
- 30g di zucchero
- 450 g di fragole fresche, mondate
- 1 cucchiaino di amido di mais 10g
- Zucchero a velo e cannella macinata

Istruzioni

1. Preriscaldare la friggitrice a 180 gradi C. Prendete una piccola ciotola e sbatteteci dentro il formaggio cremoso finché non diventa liscio. Mescolare con il cocco, noci, banana e ananas. Unire il composto alla crema di marshmallow.

2. Posizionate un involucro di wonton con una punta verso di voi. Tieni i rimanenti coperti con un tovagliolo di carta umido fino al momento dell'uso. Aggiungere 2 cucchiai di ripieno al centro di ogni involucro. Inumidisci i bordi con acqua, piega gli angoli opposti sul ripieno e premili per sigillarli. Ripetere questa procedura con tutti gli involucri e il ripieno.

3. Disporre i wonton in un singolo strato su un vassoio unto e metterli nel cestello della friggitrice ad aria (a gruppi); spruzzare ciascuno con spray da cucina. Cuocere fino a quando sono croccanti e dorati per circa 12 minuti.

4. Mettete le fragole in un robot da cucina, chiudete e lavorate fino a ridurle completamente in purea. Prendere una piccola casseruola, unire l'amido di mais e lo zucchero. Mescolate il tutto con le fragole. Mettere a bollire, mescolare e cuocere fino a quando non si addensa per quasi 2 minuti. Filtrare il composto per scartare i semi, tenere da parte la salsa. Cospargere i wonton con cannella e zucchero a velo.

5. Servire con la salsa.

4. Torte di lava alla menta piperita con la friggitrice ad aria

Tempo di cottura: 15 min, Tempo di preparazione: 15 min, Difficoltà: Medio, Porzione: 4

Ingredienti

- 120g di zucchero a velo
- 2 uova grandi a temperatura ambiente
- 1 cucchiaino di estratto di menta piperita
- 110g di burro
- 2 tuorli d'uovo grandi
- 2 cucchiai di caramelle alla menta piperita tritate finemente
- 50g di gocce di cioccolato semi dolce
- 120g di farina

Istruzioni

1. Preriscaldare la friggitrice a 190 C. Prendete una ciotola per microonde, sciogliete le gocce di cioccolato e il burro per circa 30 secondi; mescolate fino ad ottenere un composto omogeneo. Mescolate le uova, i tuorli, lo zucchero a velo e l'estratto fino ad amalgamarli. Aggiungere la farina.

2. Ungere lentamente e infarinare i pirottini; versare la pastella nei pirottini. Non riempire troppo. Mettere i pirottini sul vassoio nel cestello della friggitrice ad aria; cuocere fino a quando un termometro legge 80 C; ci vorranno quasi 12 minuti.

3. Togliere dal cestello; lasciare riposare per 5 minuti. Usare un coltello intorno al bordo dei pirottini per togliere i tortini; metterli sui piatti da dessert. Coprirli con le caramelle schiacciate.

4. Servire immediatamente.

5. Frittelle di mele con la friggitrice ad aria

Tempo di cottura: 8 min, Tempo di preparazione: 10 min, Difficoltà: Facile, Porzioni: 15

Ingredienti

- Spray da cucina
- 180g di farina per tutti gli usi
- 30g di zucchero
- 2 cucchiai di lievito in polvere 8g
- 1-1/2 cucchiaino di cannella macinata 5g
- Un pizzico di sale
- 160 ml di latte al 2%
- 2 uova grandi a temperatura ambiente
- 1 cucchiaio di succo di limone
- 1-1/2 cucchiaino di estratto di vaniglia, diviso
- 2 mele Honeycrisp medie, sbucciate e tritate
- 75 g di burro
- 120g di zucchero a velo
- 1 cucchiaio di latticello al 2% 15 ml

Istruzioni

1. Foderare il cestello della friggitrice ad aria con carta forno; spruzzarlo con spray da cucina. Preriscaldare la friggitrice ad aria fino a 200C

2. In una grande ciotola, unire lo zucchero, la farina, la cannella, il lievito e il sale. Aggiungere il latte, il succo di limone, le uova e 1 cucchiaino di estratto di vaniglia; mescolare fino ad amalgamare il tutto. Poi aggiungete le mele.

3. Lasciar cadere un po' d'impasto di circa 60 ml a 5 cm di distanza l'uno dall'altro e metterlo nel cestello della friggitrice ad aria (in più riprese). Spruzzare con lo spray da cucina. Cuocere fino a doratura per quasi 6 minuti. Continuare a cuocere fino a doratura per quasi 2 minuti.

4. Prendere una casseruola di piccole dimensioni e scioglievri il burro a fuoco medio-alto. Cuocere fino a quando il burro comincia a diventare marrone e spumoso per quasi 5 minuti. Togliere dal fuoco; raffreddare lentamente. Aggiungete al burro 1 cucchiaio di latticello, lo zucchero a velo e il restante 1/2 cucchiaino di estratto di vaniglia; mescolate fino ad ottenere un composto omogeneo.

5. Versare questo sopra le frittelle e poi servire.

Conclusione

Fai attenzione quando si tratta di guarnizioni e condimenti. Quando scegli i prodotti fai attenzione ai condimenti per insalata ricchi di grassi, alle salse e ai contorni come la panna acida. La maionese e le salse a base di olio aggiungono alcune calorie. Prova a tenere la maionese, e puoi presentarti a chiedere una bottiglia di ketchup o senape, ma controllando quante ne metti sul panino.

Attieniti alle bevande a zero calorie. La soda è una fonte importante di calorie nascoste. In una tipica e famosa bevanda gassata grande sono incluse circa 300 calorie, che facilmente divora una grande porzione del tuo regolare apporto calorico. Con le loro 800 calorie, i frullati sono anche peggio. E non fatevi ingannare dalla limonata e dalle bevande alla frutta che introducono calorie e zucchero senza molti nutrienti. Ordinate invece acqua, soda dietetica o tè non zuccherato.

Sii intelligente da tutti i punti di vista. Cercate sul menu cose che siano accompagnate da uno o due contorni. Patatine fritte, riso, pasta, anelli di cipolla, insalata di cavolo, maccheroni e formaggio, biscotti e purè di patate con salsa sono contorni che fanno salire facilmente le calorie. Le insalate di contorno con salsa leggera, le patate al forno (senza esagerare con i condimenti), le coppe di frutta fresca, le pannocchie di mais o le fette di mela sono scommesse più sicure.

Hai davvero bisogno di quelle patatine? Un hamburger o un panino possono essere molto sazianti da soli. Oppure se il tuo pasto senza patatine fritte non ti sembra completo, scegli la taglia più piccola (che può avere 400 calorie in meno di una porzione grande).

Ignorate la pancetta. L'aggiunta di pancetta a panini e insalate per aggiungere gusto è spesso allettante ma la pancetta ha relativamente meno sostanze nutritive ed è ricca di grassi e calorie. Invece, aggiungi spezie senza il grasso ordinando sottaceti, peperoni, pomodori o senape.